# EXPOSÉ DES TITRES

ET DES

# TRAVAUX SCIENTIFIQUES



DU

Dr E. KIRMISSON

PARIS
TYPOGRAPHIE A. DAVY
52, RUE MADAME, 52

1899

# EXPOSÉ DES TITRES

ET DES

# TRAVAUX SCIENTIFIQUES

DU

**D^r^ E. KIRMISSON**

PARIS
TYPOGRAPHIE A. DAVY
52, RUE MADAME, 52

1899

# EXPOSÉ DES TITRES

ET DES

# TRAVAUX SCIENTIFIQUES

DU

D^r E. KIRMISSON

---

# I

## Titres Scientifiques.

1. — Prosecteur et lauréat de l'Ecole de médecine de Nantes (1868-71).

2. — Externe (1868); puis, interne des hôpitaux de Nantes (1869).

3. — Externe (1872); puis, interne des hôpitaux de Paris (1873).

4. — Lauréat des hôpitaux de Paris (médaille d'argent au concours des internes, en 1875); deuxième mention au concours de 1877.

5. — Aide d'anatomie à la Faculté de médecine de Paris, en 1877.

6. — Prosecteur à la Faculté de médecine de Paris, en 1879.

7. — Docteur en médecine, en 1879.

8. — Chirurgien des hôpitaux de Paris; nommé le premier au concours de 1881.

9. — Professeur agrégé de la Faculté de médecine de Paris; nommé le premier au concours de 1883.

10. — Membre honoraire et ancien vice-président de la Société anatomique.

11. — Membre titulaire de la Société de chirurgie depuis 1885.

12. — Membre correspondant de l'American orthopœdic Association.

13. — Chevalier de la Légion d'honneur.

II

# Enseignement et fonctions diverses.

1. — *Cours d'anatomie et de médecine opératoire*, professés à l'Ecole pratique de la Faculté de médecine de Paris, comme aide d'anatomie et comme prosecteur.

2. — *Cours de pathologie chirurgicale*, professés à l'Ecole pratique de la Faculté de médecine, pendant les semestres d'hiver des années scolaires 1881-82, 1882-83 et 1883-84.

3. — *Conférences cliniques d'ophthalmologie*, faites à l'Hôtel-Dieu de Paris, pendant les vacances de l'année scolaire 1881-82 (suppléance de M. le professeur Panas).

4. — *Conférences de clinique chirurgicale*, faites à la Pitié, pendant les vacances de l'année scolaire 1883-84 (suppléance de M. le professeur Verneuil); puis, en 1887 et 1888, à Necker (suppléance de M. le professeur Le Fort).

5. — *Conférences de pathologie externe*, faites comme agrégé à la Faculté de médecine.

6. — Chargé du cours de clinique chirurgicale à l'Hôtel-Dieu, pendant l'année scolaire 1888-89, en remplacement de M. le professeur Richet.

7. — Nommé chirurgien de l'hospice des Enfants-Assistés, le 20 juin 1889, a réorganisé le service de chirurgie, qui, pendant de longues années, était resté inactif, a ouvert une policlinique qui a pris un développement considérable.

8. — Depuis la fin de 1897, nommé chirurgien de l'hôpital Trousseau.

9. — Depuis mon arrivée aux Enfants-Assistés en 1889, c'est-à-dire depuis dix ans, j'ai fait constamment, chaque année, des

leçons de clinique chirurgicale sur la chirurgie infantile et orthopédique aux élèves de mon service.

10. — Depuis la fin de 1897, chargé de la consultation orthopédique du Bureau Central, en remplacement de M. le Dr de Saint-Germain.

11. — Chargé depuis trois ans de l'enseignement des stagiaires (cours de clinique annexe).

12. — Associé par le professeur Pinard à son enseignement, j'ai fait, à la clinique Baudelocque, un grand nombre de leçons sur les malformations congénitales qui se sont présentées dans ce service.

13. — Attaché en qualité d'aide-major au 1er bataillon de gardes mobiles de la Loire-Inférieure pendant la guerre de 1870; actuellement médecin major de 1re classe dans l'armée territoriale, attaché au 4e corps d'armée.

---

# III

# Travaux et publications scientifiques.

Je diviserai en deux chapitres l'ensemble des travaux scientifiques publiés par moi, suivant qu'ils ont trait à la chirurgie générale ou à la chirurgie infantile et orthopédique.

## 1° Travaux relatifs à la chirurgie générale.

### a. — TRAITÉS GÉNÉRAUX

1. — *Manuel de pathologie externe* (en collaboration avec MM. Reclus, Peyrot et Bouilly), ouvrage devenu classique, et arrivé actuellement à sa cinquième édition. — Le second volume qui m'a été confié, traite de la tête et du rachis. Il comprend 800 pages, et renferme les maladies du crâne, du rachis, des yeux, des oreilles, des fosses nasales, des mâchoires, de la bouche et des glandes salivaires.

Je me suis efforcé surtout de mettre ce livre à la portée des élèves, glissant sur les choses qui n'ont que peu d'intérêt pratique, pour accorder, au contraire, des développements suffisants à toutes les questions chirurgicales qui intéressent la généralité des médecins. C'est ainsi que, dans les maladies des yeux, j'ai suffisamment développé les maladies externes de l'œil, les cataractes, l'iritis, et je n'ai accordé que peu de développement à la réfraction et aux maladies du fond de l'œil, qui exigent l'emploi de l'ophthalmoscope. Je me suis efforcé toutefois, de mettre ce manuel au courant de la science. Ainsi, j'ai traité assez longuement la question de la trépanation dans ses rapports avec les localisations cérébrales. J'ai mis les élèves au courant de l'introduction du système métrique en ophthalmologie, et leur ai expliqué en quoi consistent les *dioptries*, explications qui n'avaient pas encore trouvé place dans nos livres classiques de chirurgie. De même, à propos des maladies du nez, j'ai insisté sur la théorie nouvelle de l'ozène et ses applications à la pratique. Me ralliant à la théorie de Verneuil, et m'appuyant sur les recherches de M. Malassez, sur les débris épithéliaux paradentaires, j'ai donné des kystes dentaires chez l'adulte, l'interprétation nouvelle que comportent ces faits, etc. ; en un mot, j'ai tâché, sans donner à ce manuel trop d'extension, de le tenir partout au courant de la science moderne.

2. — Collaboration au récent *Traité de Chirurgie* de Duplay et Reclus. — Dans le tome III, j'ai publié les MALADIES DU RACHIS, article de 153 pages ; dans le tome VIII, les MALADIES DES MEMBRES, article de 524 pages. La deuxième édition est actuellement en cours de publication.

Ces deux articles sont divisés en quatre chapitres, comprenant : 1° les affections traumatiques ; 2° les affections inflammatoires ; 4° les anévrismes et les tumeurs ; 4° les vices de conformation, de la colonne vertébrale et des membres.

## b. — PATHOLOGIE CHIRURGICALE GÉNÉRALE

3. — *Des opérations préliminaires en général.* (Thèse de doctorat, 1879.)

4. — *De l'anémie consécutive aux hémorrhagies traumatiques, et de son influence sur la marche des blessures.* (Thèse d'agrégation, Paris, 1880.)

5. — *Œdème inflammatoire des membres de nature rhumatismale.* (*Progrès médical*, 18 mars 1876.)

Cette note a pour objet d'établir l'existence d'œdèmes aigus du tissu conjonctif sous l'influence du rhumatisme, analogues aux manifestations de cette diathèse sur le système séreux, et pouvant simuler le phlegmon diffus. L'existence de cette variété d'œdème a été confirmée par plusieurs travaux ultérieurs, et notamment par une communication du professeur Potain à l'Académie de médecine.

6. — *Sur l'emploi de la ouate préparée pour remplacer les éponges et la charpie.* (*Journal de thérapeutique de Gubler*, 1876.)

Cette note est destinée à faire connaître l'emploi de la ouate dite hydrophile, qui n'avait pas encore trouvé place dans la thérapeutique chirurgicale.

7. — *De la coloration noire des urines produite par l'usage de l'acide phénique à l'extérieur.* (*France médicale*, 20 avril 1878.)

8. — *Note sur quelques expériences faites dans le but de contrôler les propriétes septiques du liquide des kystes hydatiques.* (*Gazette hebdomadaire*, 16 décembre 1882.)

Ces expériences faites sur le chien et le lapin montrent que le liquide des kystes hydatiques, alcalin et non altéré, injecté, soit dans le péritoine, soit dans le tissu cellulaire ou dans les veines, ne détermine aucun accident septicémique. Les graves accidents qui ont été signalés à la suite de la pénétration du liquide de ces kystes dans le péritoine, chez l'homme, tenaient sans doute à ce que le liquide n'était pas pur, ou à ce qu'il avait subi des modifications. De nouvelles expériences faites par moi depuis lors, et dont le résultat n'a pas été publié, sont absolument confirmatives des premières.

9. — *De l'influence du traumatisme sur le développement des kystes hydatiques ; nouvelle observation.* (*Archives de médecine,* 9 décembre 1882.)

10. — *Cirrhose du foie s'étant manifestée pour la première fois à la suite d'une opération de hernie crurale étranglée.* (*Gazette hebdomadaire*, 16 novembre 1883.)

11. — *Hémorrhagie dentaire d'origine paludéenne*, lettre à M. le professeur Verneuil. (*Gazette hebdomadaire*, 18 octobre 1884.)

12. — *Du mal perforant chez les diabétiques.* (*Archives de médecine,* janvier 1895.)

Ce mémoire, basé sur sept observations, démontre qu'aux causes déjà si nombreuses du mal perforant, il faut joindre le diabète. Le mal perforant dans le diabète constitue un trouble de la nutrition analogue aux autres troubles trophiques qu'on observe dans cette maladie.

13. — *De l'urée dans le cancer.* (Mémoire présenté au premier congrès français de chirurgie, avril 1885.)

Entrepris pour vérifier les assertions de M. Rommelaëre (de Bruxelles) sur l'abaissement du chiffre de l'urée dans le cancer, ce mémoire conclut qu'en effet, dans un très grand nombre de cas, les malades atteints d'affections cancéreuses excrètent un chiffre d'urée remarquablement faible. Mais ce fait se rencontre dans d'autres affections étrangères au cancer, comme la tuberculose et même dans des cas de tumeurs bénignes. Il ne saurait donc avoir la valeur diagnostique que lui accorde M. Rommelaëre. Il ne peut même fournir aucune donnée positive sur la nature des maladies cancéreuses, car il paraît en rapport avec l'affaiblissement de la nutrition dans le cancer plutôt qu'avec la maladie elle-même.

14. — *Nouveau cas d'hystéro-traumatisme.* (*Bulletins et mémoires de la Société de chirurgie*, 7 mars 1888.)

Il s'agit d'un jeune homme qui, à la suite d'une chute, avait présenté tout d'abord des symptômes faisant croire à l'existence d'un mal de Pott; plus tard, des accidents convulsifs vinrent révéler la véritable nature du mal. Le diagnostic d'hystéro-traumatisme fut confirmé par le professeur Charcot, qui fit des leçons sur ce malade.

15. — *De la nature microbienne du cancer.* (*Revue générale, Bulletin médical*, 2 avril 1888.)

### c. — TÊTE ET COU.

16. — *Chondro-sarcome de la mâchoire supérieure; résection*

*des deux tiers de la mâchoire supérieure ; guérison.* (Société de chirurgie, 31 novembre 1883.)

17. — *Note sur un cas de trépanation du crâne; coïncidence entre les traumatismes crâniens et certains états pathologiques du côté de l'encéphale, notamment le tubercule.* (Société de chirurgie, 30 juillet 1884.)

A propos d'un fait personnel, j'ai réuni dans ce mémoire un certain nombre d'observations qui démontrent que des états pathologiques graves de l'encéphale (tumeurs malignes, tubercules) passés jusque-là inaperçus, se sont révélés tout d'un coup à propos d'un traumatisme.

18. — *Eléphantiasis (acné hypertrophique) du nez traité par la décortication; examen histologique de la pièce.* (Société de chirurgie, 31 octobre 1888.)

19. — *Extraction d'une balle logée dans le rocher du côté droit ; guérison.* (Société de chirurgie, 3 juillet 1889.)

20. — *Présentation d'une pièce relative à une fracture du crâne. Déductions sur la trépanation primitive dans ses rapports avec les localisations cérébrales.* (Société de chirurgie, 24 juillet 1889.)

21. — *Suppuration d'un kyste thyroïdien à la suite d'accidents de septicémie puerpérale.* (Société de chirurgie, 27 mai 1891.)

22. — *Considérations sur le traitement des fistules trachéales à propos d'un cas particulier opéré par moi.* (Société de chirurgie, 25 avril 1894.)

### *d.* — THORAX ET GLANDE MAMMAIRE.

23. — *Pleurésie double chez un tuberculeux traitée par la thoracentèse.* (*Journal de médecine de l'Ouest*, 1876, p. 159.)

24. — *Pleurésie purulente ; fistule cutanée, vomique ; opération d'Estlander deux fois répétée ; résection de huit côtes ;*

*guérison avec persistance d'une petite fistule pleurale.* (Congrès français de chirurgie, 16 mars 1888.)

25. — *Mémoire sur le cathétérisme à demeure dans le traitement des rétrécissements cancéreux de l'œsophage ;* rapport de M. Le Fort sur ce travail. (Académie de médecine, 3 juillet 1888.)

26. — *Névralgie de la mamelle (mamelle irritable) chez l'homme.* (*France médicale*, 7 août 1878.)

27. — *Remarques sur l'ablation des tumeurs du sein.* (Société de chirurgie, 16 novembre 1881.)

Dans ce mémoire. je pose comme règle dans tous les cas l'extirpation complète, non seulement de la mamelle, mais encore des ganglions axillaires et des vaisseaux lymphatiques qui unissent les ganglions à la mamelle. Pour y arriver, je conseille de faire une incision en raquette se prolongeant jusqu'au sommet de l'aisselle, et d'enlever la mamelle comme une tumeur pédiculée, extirpant d'un seul coup la glande, les vaisseaux lymphatiques et les ganglions. Je me fonde, pour conseiller cette pratique, sur ce fait que, lors même que l'examen clinique ne fait reconnaître aucun ganglion engorgé, la dissection démontre qu'il y a déjà envahissement des ganglions par le néoplasme.

28. — *Note sur la topographie des ganglions axillaires.* (*Bulletins de la Société anatomique de Paris*, 1882, p. 453.)

Ce mémoire fait suite au précédent. Préoccupé de pratiquer l'extirpation complète des ganglions axillaires dans les tumeurs cancéreuses du sein, j'ai étudié la topographie exacte des ganglions axillaires qui n'était pas indiquée dans nos auteurs classiques d'anatomie.

La dissection de douze régions axillaires chez la femme m'a conduit à diviser ces ganglions en deux groupes, superficiels et profonds. Les ganglions superficiels suivent les branches de l'artère et de la veine mammaire externe, et celles de l'artère et de la veine scapulaires inférieures. Les ganglions profonds sont accolés à la veine axillaire elle-même ; j'appelle particulièrement l'attention sur un petit ganglion, isolé des précédents et situé beaucoup plus bas qu'eux, dans l'épaisseur même de la mamelle, vers la cinquième côte. Il est utile à connaître ; car, je l'ai trouvé plusieurs fois dégénéré ; et, par son isolement, on comprend qu'il puisse souvent échapper à la dissection.

29. — *Extirpation des tumeurs du sein et des ganglions axillaires.* (*Bulletin médical,* 28 août 1888.)

### e. — ABDOMEN ET ORGANES GÉNITAUX

30. — *Hernie ombilicale ancienne; hernie de la ligne blanche étranglée ; débridement ; mort ; autopsie.* (*Progrès médical,* 12 juin 1875.)

31. — *Hernie inguinale étranglée chez un enfant de treize mois ; opération (kélotomie) ; guérison.* (*Progrès médical,* 30 novembre 1875.)

32. — *Note sur trois cas de hernie inguinale congénitale étranglée.* (Société de chirurgie, 14 mai 1884.)

33. — *Des modifications modernes de la lithotritie.* (Thèse d'agrégation, Paris, 1883.)

34. — *Note sur deux cas de périnéorraphies faites avec succès par le procédé d'Emmet, avec quelques remarques sur ce procédé.* (Société de chirurgie, 11 février 1885.)

35. — *Rétrécissement très étroit de l'urèthre compliqué de cystite et de néphrite ; Intolérance de la sonde à demeure ; rétention d'urine et fièvre urineuse; urèthrotomie interne ; guérison.* (Société de chirurgie, 12 mai 1886.)

36. — *Suture primitive et suture secondaire de l'urèthre et du périnée à la suite de l'urèthrotomie externe.* (Société de chirurgie, 3 avril 1889.)

37. — *Volumineux fibrome calcifié de la paroi abdominale antérieure chez un jeune homme; extirpation avec ouverture du péritoine ; guérison.* (Société de chirurgie, 22 mai 1889.)

38. — *Occlusion intestinale produite par une bride consécutive à une péritonite ; bons résultats du traitement par l'opium ; laparotomie ; guérison.* (Société de chirurgie, 27 janvier 1892.)

39. — *Des plaies pénétrantes de l'abdomen par armes à feu et de leur traitement chirurgical.* (*Bulletin médical*, 11 mai 1887.)

40. — *De la laparotomie dans les plaies pénétrantes de l'abdomen par armes à feu.* (*Bulletin médical*, 15 juillet 1888.)

41. — *Chute d'une hauteur de 28 mètres ; plaies de tête, etc. Déchirure du foie et épanchement bilieux dans l'abdomen ; ponction aspiratrice ; guérison.* (Société de chirurgie, 14 décembre 1892.)

### *f.* — MEMBRES

42. — *Des malformations congénitales de l'articulation de l'épaule.* (*Revue mensuelle de médecine et de chirurgie*, juillet 1878.)

43. — De *l'intégrité du faisceau claviculaire du trapèze dans la paralysie infantile du membre supérieur.* (*France médicale*, 22 octobre 1879.)

Dans les deux mémoires précédents, je m'efforce d'établir que bon nombre de luxations congénitales de l'épaule sont dues à la paralysie infantile, comme cela a été admis par M. Verneuil pour les luxations congénitales de la hanche ; j'établis, en outre, que la paralysie infantile qui frappe les muscles du bras, de l'epaule, les pectoraux, respecte toujours le faisceau claviculaire du trapèze, sans doute à cause de la source spéciale d'où il tire son innervation.

44. — *Note sur un cas de conicité physiologique du moignon.* (Société de chirurgie, 4 octobre 1882.)

Je fais connaître dans cette note un exemple de cette variété qui a été décrite par M. Verneuil sous le nom de conicité physiologique du moignon. C'est-à-dire qu'un enfant amputé en bas âge voit peu à peu son moignon se déformer et prendre l'apparence conique, à cause de l'accroissement en longueur des os qui se produit sous l'influence des progrès de l'âge. C'est surtout à la jambe et au bras qu'on observe cette conicité physiologique du moignon, parce qu'ici les épiphyses supérieures, qui fournissent surtout au développement des os en longueur, sont conservées. Chez mon malade, le moignon conique était devenu douloureux, à cause de la présence d'un névrome ; aussi ai-je dû pratiquer la résection des os dans l'étendue de dix centimètres, et celle du nerf tibial postérieur ; la guérison a été complète.

45. — *Contribution à l'étude des affections du tendon d'Achille ; cellulite péritendineuse du tendon d'Achille ; fibrome double du tendon d'Achille.* (*Archives générales de médecine*, janvier 1884.)

46. — *Note sur un cas de syphilis osseuse congénitale.* (Société de chirurgie, 30 juillet 1884.)

47. — *Ligature de l'iliaque externe pour un anévrysme inguinal ; guérison.* (Société de chirurgie, 15 novembre 1882.)

48. — *Mémoire sur les anévrysmes inguinaux et la ligature de l'iliaque externe.* (Société de chirurgie, 11 juin 1884.)

Ces deux mémoires se font suite l'un à l'autre. Dans le premier, je fais connaître un cas de guérison de ligature de l'artère iliaque externe pour un anévrysme inguinal. La ligature a été faite avec un fil de catgut n° 3, et la plaie a guéri très simplement, presque sans suppuration. J'ai revu ce malade le 25 avril 1885 ; il restait parfaitement guéri ; la cicatrice est tout à fait linéaire ; il n'y a aucune trace d'éventration ; la poche est réduite à une petite bosselure de la grosseur d'une très petite noisette, non pulsatile. Au-dessus d'elle et à son côté externe, on sent une artère très dilatée, qui est probablement la tégumenteuse abdominale.

Dans le second mémoire, j'étudie, à propos du fait précédent, les anévrysmes inguinaux et la ligature de l'artère iliaque externe. Mes conclusions sont basées sur l'étude de 90 cas de ligature de l'iliaque externe, publiés de 1865 à 1883, postérieurs par conséquent à la statistique d'Eutter, qui a paru dans l'*American Journal* de 1864.

49. — *Traitement des anévrysmes par la ligature au catgut. Anévrysme diffus de l'artère humérale à la partie supérieure; ouverture du sac et ligature au catgut des deux bouts de l'artère; guérison.* (Société de chirurgie, 26 décembre 1888.)

50. — *Note sur 4 cas d'anévrysme artériel.* (Congrès français de chirurgie, 12 octobre 1889.)

51. — *Anévrysme de l'artère poplitée chez un enfant de sept ans et demi; ligature de l'artère fémorale dans le canal de Hunter; guérison.* (Société de chirurgie, 13 février 1895.)

52. — *De l'extirpation des tumeurs du triangle de Scarpa.* (Société de chirurgie, 1885.)

53. — *Traumatisme par coup de feu de l'aisselle gauche; désarticulation interscapulo-thoracique; mort.* (Société de chirurgie, 5 octobre 1887.)

54. — *Fracture itérative de la rotule; suture de la rotule; guérison.* (Société de chirurgie, 30 janvier 1889.)

55. — *Nouvel exemple de fracture itérative de la rotule; suture des fragments; guérison.* (Société de chirurgie, 27 mars 1889.)

56. — Des *arthrites syphilitiques.* (*Bulletin médical*, 29 mai 1889.)

## 2° Travaux relatifs à la chirurgie infantile et orthopédique.

Placé depuis 1889 à la tête d'un service de chirurgie d'enfants, je me suis consacré spécialement depuis cette époque à l'étude de la chirurgie infantile et orthopédique.

Déjà en 1889, chargé de la clinique chirurgicale de l'Hôtel-Dieu en remplacement du professeur Richet, je me suis occupé particulièrement de la chirurgie orthopédique, et j'ai publié les leçons que j'ai faites sur ce sujet dans un volume intitulé :

57. — *Leçons cliniques sur les maladies de l'appareil locomoteur*, 1 volume de 600 pages avec 40 figures dans le texte. (Masson, Paris, 1890.) — Ouvrage couronné par l'Académie de médecine (prix Godard).

Cet ouvrage comprend 36 leçons dont la plupart sont consacrées aux maladies chroniques des articulations, au mal de Pott, au torticolis, au pied bot, etc. J'y traite un certain nombre de sujets nouveaux comme l'arthrodèse tibio-tarsienne dans la paralysie infantile, l'opération d'Ogston dans le pied plat valgus douloureux, l'opération de Phelps dans le pied bot, la ténotomie à ciel ouvert du sterno-mastoïdien dans le torticolis.

58. — Depuis 1890, j'ai fondé un journal spécialement consacré à la chirurgie orthopédique : *La Revue d'Orthopédie*, journal déjà très répandu en France et à l'étranger, destiné à favoriser et à propager les progrès de cette science et à entrer en lutte avec les journaux de même ordre publiés à l'étranger, le *Deutsche Zeitschrift für Orthopædische chirurgie* en Allemagne et les *Archivio di Ortopedia* en Italie.

59. — *Traité des maladies chirurgicales d'origine congénitale*, 1 volume de 767 pages, avec 312 figures dans le texte et deux planches en couleur. (Masson et Cie, Paris, 1898.)

Cet ouvrage résume une partie des leçons que j'ai faites pendant les huit années que j'ai passées comme chirurgien des Enfants Assistés, de 1890 à 1898; j'y traite seulement des maladies chirurgicales d'origine congénitale. Sous ce titre, je comprends non seulement les affections qui existent au moment même de la naissance, mais encore celles qui peuvent se montrer plus ou moins longtemps après, en vertu d'une disposition congénitale. C'est ainsi, par exemple, que bon nombre de hernies n'existent pas au moment même de la naissance; elles se produisent plus ou moins longtemps après, et cela, en vertu d'une disposition congénitale, qui est ici la persistance du canal vagino-péritonéal.

2

Elles méritent donc bien le nom de maladies chirurgicales d'origine congénitale. En écrivant cet ouvrage, je me suis proposé un double but : D'abord contribuer, autant qu'il m'était possible, aux progrès de la science, en publiant tous les faits cliniques et anatomo-pathologiques étudiés dans mon service et dans mon laboratoire. Pour cela, j'ai multiplié autant qu'il était nécessaire les planches exécutées d'après les dessins et les photographies faites dans mon service. Mon second but a été de diffuser autant que possible les notions relatives aux maladies congénitales, et ainsi de contribuer à l'enseignement. Pour cela, j'ai fait précéder chaque chapitre particulier des notions embryologiques nécessaires à l'intelligence du sujet.

Cet ouvrage a été couronné par l'Académie de médecine, prix Laborie, 1898 ; l'Institut lui a accordé une mention honorable ; concours des prix Monthyon, 1898. Il est traduit en allemand.

A côté des ouvrages d'ensemble qui précèdent, j'ai publié un très grand nombre de travaux relatifs à la chirurgie infantile et orthopédique. J'en donnerai ici l'énumération :

### 1° Bec-de-lièvre.

60. — *Traitement opératoire du bec-de-lièvre compliqué.* (Société de chirurgie, 18 mars 1896.)

61. — *Bec-de-lièvre double et compliqué de la lèvre supérieure; réfection de l'orifice de la narine droite au moyen du lobule médian.* (Société de chirurgie, 24 février 1897.)

Le procédé que je conseille vise les cas dans lesquels la fente se continue largement avec la narine, qui elle-même est déplissée et étalée sur la joue. Il consiste à refaire l'orifice de la narine au moyen d'une des lèvres même de la fente labiale qui, de verticale, devient horizontale ; puis, à réparer le bord libre de la lèvre au moyen d'un lambeau taillé à la façon de Mirault (d'Angers) sur l'autre bord de la solution de continuité.

### 2° Spina bifida.

A propos du spina bifida, j'ai fait connaître, le premier en

France, cette forme particulière de spina bifida à laquelle Recklinghausen a donné le nom de spina bifida occulta ou sans tumeur. J'ai également insisté au point de vue clinique sur certaines formes caractérisées par l'œdème des enveloppes du spina bifida, et auxquelles on peut donner le nom de spina bifida d'apparence myxomateuse.

62. — *Mal perforant chez un jeune homme présentant les traces d'un spina bifida guéri à la naissance et un infundibulum para-coccygien.* (Société de chirurgie, 1er octobre 1884.)

63. — *Du mal perforant lié à certaines formes de spina bifida latent ou sans tumeur.* (*Bulletin médical*, 7 septembre 1887.)

Depuis lors, j'ai eu l'occasion d'observer quelques nouveaux exemples de cette malformation, que j'ai fait publier par mes élèves, MM. Ardouin et Sainton.

64. Ardouin et Kirmisson : *Etude d'un fœtus exomphale, présentant en même temps un spina bifida sacré et une scoliose congénitale à convexité droite.* (*Revue d'Orthopédie*, 1897, n° 2, p. 184.)

65. — Sainton : *Note sur un cas de spina bifida occulta.* (*Revue d'Orthopédie*, 1er novembre 1891, p. 455.)

66. — Ardouin : *Spina bifida latent ou sans tumeur.* (*Revue d'Orthopédie*, novembre 1896, p. 478.)

67. — *Volumineuse tumeur de la région fessière constituée par une méningocèle faisant issue à travers l'extrémité inférieure du canal sacré chez une femme de 53 ans. Extirpation, guérison.* (*Bull. et Mém. de la Société de chirurgie*, 14 avril 1886.)

68. — *Mémoire sur un cas de spina bifida d'apparence myxomateuse traité par l'extirpation; guérison.* (*Bulletin de l'Académie de médecine*, 1896; rapport de M. Berger sur cette observation.)

### 3° Vices de conformation de l'anus et du rectum.

69. — *Ectopie vulvaire de l'anus.* (Leçon clinique publiée dans le *Bulletin médical*, février 1894.)

J'ai proposé de donner le nom d'ectopie vulvaire et vaginale de l'anus à ces cas dans lesquels le rectum est normalement conformé, mais vient s'ouvrir par un orifice situé à la vulve ou dans le vagin, au lieu de s'ouvrir au niveau de l'anus normal.

Le procédé opératoire qui convient à cette variété de vice de conformation de l'anus, c'est la transplantation de l'anus au périnée; je lui ai dû plusieurs succès, dont un présenté à la Société de chirurgie.

70. — *Ectopie vulvaire de l'anus guérie par la transplantation de l'anus au périnée.* (*Bulletins et mémoires de la Société de chirurgie,* 1er avril 1896, p. 305.)

71. — *Imperforation ano-rectale traitée antérieurement par l'anus iliaque; rupture des adhérences, prolapsus de l'intestin grêle. Réduction des anses intestinales prolabées, rétablissement de l'anus normal, suppression de l'anus iliaque, guérison.* (*Bulletins et mémoires de la Société de chirurgie*, 28 décembre 1898, p. 1174.)

Ce qu'il y a d'intéressant dans ce fait particulier, c'est l'âge de l'enfant qui, n'ayant que dix jours, a pu supporter une opération aussi grave, comprenant la réduction de l'intestin hernié, le rétablissement de l'anus normal, et la fermeture de l'anus artificiel. Ce cas peut être en outre invoqué à l'appui de la méthode qui consiste à ouvrir d'abord l'intestin, et à cathétériser son bout inférieur pour rétablir l'anus normal.

72. — *Absence de l'anus et du rectum, en coïncidence avec des malformations multiples; opération, mort, autopsie.* (*Revue d'orthopédie,* juin 1895.)

### 4° Persistance du diverticule de Meckel à l'ombilic.

73. — *Rapport sur une observation de M. Broca, relative à*

*la persistance d'un diverticulum de Meckel, ouvert à l'ombilic et invaginé au dehors.* (Société de chirurgie, 7 novembre 1894.)

74. — *Vices de conformation consécutifs à la persistance du diverticule de Meckel.* (*Bulletin médical,* mai 1897.)

Sur ce même sujet, j'ai inspiré la thèse de mon élève, le Dr Thébault : « Fistules par persistance du conduit vitellin. » (Thèse de doctorat, Paris, 1898.)

75. — *Tumeurs congénitales de la région sacro-coccygienne.* (*Bulletin médical,* mars 1897.)

### 5° Torticolis.

76. — *Section à ciel ouvert des deux chefs sternal et claviculaire du sterno-mastoïdien.* (Société de chirurgie, 20 février 1889.)

Comme l'indique le titre de cette présentation, j'ai été l'un des premiers à défendre en France la ténotomie à ciel ouvert du sterno-mastoïdien, comme étant à la fois beaucoup plus efficace et beaucoup moins dangereuse que la ténotomie sous-cutanée.

### 6° Scoliose.

77. — *Pathogénie et traitement de la scoliose essentielle des adolescents.* (*Revue d'orthopédie,* 1890, et Congrès international des sciences médicales, Berlin, 1890.)

78. — *Des déviations latérales du rachis dans le mal de Pott, pouvant simuler la scoliose.* (*Revue d'orthopédie,* 1er novembre 1892.)

79. — *Des scolioses liées à l'existence de la paralysie infantile.* (*Revue d'orthopédie,* 1er juillet 1893.)

80. — *Cypho-scoliose de la première enfance coïncidant avec*

*un genu valgum de l'adolescence chez un jeune homme de 16 ans* (en collaboration avec M. Schwartz). (*Revue d'orthopédie,* 1er mars 1894.)

81. — Kirmisson et Sainton : *Des scolioses paradoxales.* (*Revue d'orthopédie,* juin 1895.)

Au point de vue de la pathogénie, j'ai défendu l'origine rachitique de la scoliose ; au point de vue clinique, je me suis appliqué à différencier les unes des autres les diverses variétés de scoliose ; j'ai surtout appelé l'attention sur les déviations latérales du rachis survenant dans le mal de Pott et pouvant faire confondre cette affection avec la scoliose véritable. Sous le nom de scolioses paradoxales, j'ai décrit des cas dans lesquels la déviation latérale du rachis et la voussure des côtes sont dirigées en sens inverse.

### 7° Pied bot.

82. — *Traitement du pied bot par la méthode de Phelps* ; présentation de moulages et de malades à l'appui des bons résultats fournis par cette opération. (Congrès français de chirurgie, 11 octobre 1889.)

83. — Kirmisson et Charpentier : *L'obliquité du col de l'astragale dans le pied bot varus équin congénital ; son mode de mensuration.* (*Revue d'orthopédie,* juin 1895.)

84. — *Anatomie pathologique et traitement du pied bot varus équin congénital*, (*Revue d'orthopédie,* mai 1896.)

85. — *Double pied bot varus équin congénital guéri par l'incision de Phelps et la large arthrotomie médiotarsienne.* (Société de chirurgie, novembre 1896.)

86. — *Double pied bot varus par malformation osseuse primitive, associé à des ankyloses congénitales des doigts et des orteils chez quatre membres d'une même famille.* (*Revue d'orthopédie,* septembre 1898.)

De nombreuses dissections faites dans mon laboratoire des

Enfants Assistés, m'ont permis de constater l'obliquité anormale du col de l'astragale dans le pied bot varus équin congénital. Au point de vue thérapeutique, j'ai défendu l'incision de Phelps et la large arthrotomie médiotarsienne dans le pied bot invétéré. J'ai été le premier en France à pratiquer cette opération. Dans le mémoire que j'ai présenté en 1896 au Congrès français de Chirurgie j'ai donné le manuel opératoire exact de cette opération et fait connaitre les résultats qu'elle m'a fournis dans 71 cas.

### 8° Luxations congénitales de la hanche.

87. — *Contribution à l'étude de l'opération de Hoffa dans la luxation congénitale de la hanche, basée sur six observations personnelles.* (*Revue d'orthopédie,* 1er mai 1893.)

88. — *Contribution à l'étude de la pathogénie et du traitement des luxations congénitales de la hanche.* (*Revue d'orthopédie,* 1er mai 1894, et Congrès international des sciences médicales, Rome, 1894.)

89. — *Traitement des luxations congénitales de la hanche.* (Société de Chirurgie, avril 1896.)

90. — *Résultats des opérations sanglantes dans le traitement de la luxation congénitale de la hanche. — Traitement mécanique de la luxation congénitale de la hanche.* (*Bulletin médical,* avril 1896.)

91. — *De l'ostéotomie sous-trochantérienne appliquée à certains cas de luxation congénitale de la hanche.* (*Revue d'orthopédie,* 1er mars 1894, p. 137.)

92. — *Traitement de la luxation congénitale de la hanche par la méthode non sanglante.* (*Revue d'orthopédie,* 1er mars 1899.)

Sur ce même sujet, j'ai inspiré la thèse de mon élève le Dr Sainton : *De l'anatomie de l'articulation de la hanche chez l'enfant.* (Thèse de doctorat, Paris 1893.)

Dans tous ces travaux, je m'occupe, soit de l'anatomie pathologique, soit du traitement des luxations congénitales de la hanche. A propos du traitement, j'ai été l'un des premiers à introduire en France le traitement par la méthode sanglante de réduction.

A propos de la méthode non sanglante de réduction, je me suis élevé contre la prétention exagérée de Lorenz, qui pensait obtenir dans tous les cas des réductions véritables. Ce que l'on obtient le plus souvent par ce procédé, ce sont des transpositions d'arrière en avant de la tête fémorale, transpositions qui peuvent être très avantageuses au point de vue fonctionnel.

Mais ce que je me suis surtout appliqué à établir, c'est que l'affection communément désignée sous le nom de luxation congénitale est, en réalité, primitivement une malformation de l'articulation. Chez les tout jeunes enfants, il y a surtout défaut d'emboîtement exact entre la tête et la cavité cotyloïde, plutôt que luxation véritable. D'où la nécessité de diagnostiquer et de traiter de très bonne heure cette malformation chez les jeunes enfants, afin de s'opposer aux progrès du déplacement. L'extension continue jointe à une position marquée d'abduction est la méthode qui me semble, en pareil cas, mériter la préférence. J'ai, pour son application, fait construire une gouttière articulée spéciale que j'ai présentée à la Société de Chirurgie.

93. — *Gouttière de Bonnet articulée pour le traitement des luxations congénitales de la hanche.* (Société de Chirurgie, juillet 1895.)

C'est seulement dans les cas où l'on n'aura pas réussi par ce moyen à enrayer l'affection chez les jeunes enfants, qu'on songera ultérieurement à la reposition sanglante ou non sanglante sous le chloroforme, suivant les circonstances particulières dans lesquelles on se trouvera placé.

Enfin, pour les cas où les malades sont trop âgés et le déplacement trop considérable pour qu'on puisse espérer la réduction, j'ai conseillé et employé le premier l'ostéotomie sous-trochantérienne, qui m'a donné de très bons résultats.

### 9° Pied plat valgus douloureux.

94. — *Du pied plat valgus douloureux, différents procédés opératoires applicables à la cure de cette affection.* (*Revue d'orthopédie*, 1er janvier 1890.)

95. — *Double pied plat valgus douloureux traité par l'opération d'Ogston.* (Société de chirurgie, avril 1897.)

96. — *Mémoire sur un double pied plat douloureux traité avec succès par l'opération d'Ogston.* (*Bulletin de l'Académie de médecine*, 1891 ; rapport de M. Duplay.)

97. — *Double pied plat valgus douloureux, opération d'Ogston sur le pied gauche ; résultat orthopédique et fonctionnel très satisfaisant.* (*Bulletin de l'Académie de médecine*, juin 1895.)

Dans le pied plat valgus, la lésion siège, suivant moi, dans l'articulation médio-tarsienne. Je rejette donc l'ostéotomie supra-malléolaire de Trendelenburg, qui me semble une opération illogique et je conseille l'opération d'Ogston (arthrodèse astragalo-scaphoïdienne), que j'ai été le premier à pratiquer en France, et qui, dans les cas particuliers où elle est indiquée, m'a fourni de très bons résultats.

### 10° Incurvation rachitique du col du fémur (coxa vara).

98. — *L'affaissement du col du fémur sous l'influence du rachitisme.* (*Revue d'orthopédie*, 1894, p. 367.)

99. — *Analyse d'un travail de Zehnder sur le même sujet* (*Ueber Schenkelhalsverbiegung*). (*Revue d'orthopédie*, mai 1897.)

100. — *Nouveaux faits pour servir à l'étude de l'incurvation rachitique du col fémoral* (*coxa vara*), *d'origine congénitale.* (*Revue d'orthopédie*, juillet 1897.)

101. — *Documents pour servir à l'étude de l'affaissement du col fémoral (coxa vara)*. (*Revue d'orthopédie*, 1898.)

Sur le même sujet, nous avons inspiré encore la thèse de notre élève Charpentier, Paris 1898.

Dans les travaux précédents, nous nous sommes efforcé de faire connaître la déformation du col fémoral décrite en Allemagne sous le nom de coxa vara. J'ai montré que, comme beaucoup d'autres déformations, le genu valgum, la scoliose, par exemple, le coxa vara peut être envisagé à un double point de vue, ou comme entité pathologique appartenant au rachitisme, ou comme expression symptomatique se retrouvant dans un grand nombre d'affections, la coxalgie et la luxation congénitale par exemple.

### 11° Paralysie infantile et arthrodèse.

Si la ténotomie peut donner de bons résultats dans les cas où les muscles antagonistes du muscle retracté ont conservé leurs actions, au contraire, dans les cas où les antagonistes sont paralysés, ou bien encore dans ceux où la paralysie porte sur tous les muscles du pied, et où il s'agit, non plus d'un pied bot, mais d'un pied ballant, l'arthrodèse est l'opération de choix. Pour réaliser la soudure des articulations, je pratique l'enchevillement avec des chevilles en ivoire. Ces chevilles bouillies et conservées dans la solution phéniquée forte n'ont jamais été éliminées. Dans mon mémoire communiqué au Congrès de Chirurgie en 1895, je rapporte les résultats de 15 arthrodèses du pied que j'ai pratiquées par cette méthode.

102. — *Manuel opératoire et résultats des arthrodèses du pied.* (Congrès français de chirurgie, 1895.)

103. — *De l'arthrodèse.* (*Bulletin médical*, 1891.)

### 12° Genu valgum et genu recurvatum.

104. — *Présentation de pièces anatomiques provenant de l'au-*

*topsie d'un genu valgum traité trois ans auparavant par l'ostéoclasie, promptement suivie de récidive.* (Société de chirurgie, 27 juillet 1887.)

Dans ce cas particulier, la difformité consiste exclusivement en une courbure angulaire à sommet interne existant immédiatement au-dessus de l'articulation ; les surfaces articulaires elles-mêmes ne participent en rien à la maladie.

105. — *Subluxation congénitale du genou en avant.* (Société de chirurgie, 2 décembre 1891.)

106. — *Sur une déformation particulière du genou simulant la luxation du tibia en arrière.* (*Revue d'orthopédie,* 1er mars 1890.)

Sous ce titre, j'ai décrit une inflexion qui se passe dans l'épiphyse supérieure du tibia, et qui, survenant en dehors de toute maladie de l'articulation du genou, est attribuable au rachitisme.

### 13° Absence congénitale du péroné.

107. — *Malformation congénitale du membre inférieur droit; incurvation du tibia avec absence du péroné et du dernier orteil.* (*Revue d'orthopédie,* 1891, p. 265.)

108. — *De l'absence congénitale du péroné avec flexion angulaire du tibia (prétendue fracture intra-utérine).* (Société de chirurgie, mai 1897.)

Dans le mémoire précédent, je m'applique à établir que la malformation complexe caractérisée par l'inflexion angulaire du tibia, avec absence du péroné et d'un ou plusieurs orteils, n'est pas le résultat d'une fracture accidentelle, mais bien d'un vice de conformation remontant à la période embryonnaire. La théorie la plus applicable est celle de M. Dareste qui met ce vice de conformation sur le compte de lésions de l'amnios, et de fait, on trouve toujours au devant du sommet de l'angle tibial une dépression cicatricielle, qui semble bien être la trace d'une bride amniotique.

### 14° Main bote.

109. — Kirmisson et Sainton : *Note sur deux cas de mains botes d'origine congénitale.* (*Revue d'orthopédie*, t. III, 1892, p. 108.)

110. — Kirmisson et Longuet : *Nouveau cas de main bote congénitale.* (*Revue d'orthopédie,* 1893, n° 1.)

La dissection de plusieurs cas de main bote congénitale liée à l'absence du radius, dissection que j'ai pu faire dans mon laboratoire des Enfants Assistés, m'a permis d'établir comme disposition constante dans les cas de cette nature, l'absence de la coulisse bicipitale et de la longue portion du biceps, ainsi que la présence d'un faisceau musculaire anormal au devant de l'articulation ducoude, allant se fusionner par en bas avec les muscles de l'avant-bras.

### 15° Surélévation congénitale de l'omoplate.

111. — *De quelques malformations congénitales de l'omoplate; refoulement de l'omoplate par en haut; rotation de l'os sur son axe, telle que l'angle inférieur regarde la colonne vertébrale.* (*Revue d'orthopédie,* 1er septembre 1893.)

112. — *Nouvel exemple de malformation congénitale de l'omoplate; ascension de l'omoplate avec exostose de son bord supérieur.* (*Revue d'orthopédie,* 1er septembre 1897.)

Dans les deux travaux précédents, j'ai fait connaître, le premier en France, cette curieuse malformation congénitale de l'omoplate, qui consiste dans son refoulement par en haut. Jusqu'ici la pathogénie exacte de ce singulier vice de conformation n'est pas encore définitivement établie. Aussi y a-t-il intérêt à faire connaître tous les faits qui se présentent à notre examen. C'est dans ce but que j'ai fait publier par mon assistant, le Dr Sainton, deux nouveaux faits que j'ai pu observer, voyez :

Sainton : *Sur un nouveau cas de déplacement congénital de l'omoplate.* (*Revue d'orthopédie,* 1898, p. 467.)

Et : *Note sur un cas de surélévation congénitale de l'omoplate.* (*Revue d'orthopédie,* 1899, p. 36.)

### 16° Affections tuberculeuses des os et des articulations.

113. — *Traitement des abcès migrateurs du mal de Pott par les injections d'éther iodoformé.* (*Semaine médicale,* juillet 1898.)

Dans ce travail, je me suis proposé de donner la technique exacte des injections d'éther iodoformé, persuadé que la manière de faire a la plus haute importance pour la valeur des résultats.

114. — *Deux volumineux abcès sous périostiques du fémur en communication avec l'articulation du genou, guéris par les injections iodoformées.* (*Revue d'orthopédie,* 1er novembre 1894.)

115. — *Bons effets des injections iodoformées dans les abcès du mal de Pott.* (*Revue d'orthopédie,* 1er novembre 1894.)

116. — *Examen anatomo-pathologique d'un cas de mal de Pott dorsal avec paraplégie défavorable à l'intervention.* (*Revue d'orthopédie,* 1er novembre 1894.)

117. — *Des divers modes de traitement opératoire applicables à l'ankylose du genou.* (*Revue d'orthopédie,* septembre et novembre 1895.)

118. — *Traitement de la coxalgie.* (Société de chirurgie, mai 1897.)

119. — *Ostéo-arthrite tuberculeuse du poignet guérie par l'emploi des rayons Rœntgen, suivi de la compression élastique.* (Société de chirurgie, janvier 1898.)

120. — *Des luxations soudaines au cours de la coxalgie.* (*Revue d'orthopédie,* janvier 1899.)

121. — *Traitement conservateur des tuberculoses osseuses et articulaires de l'enfance.* (En collaboration avec mon interne M. Ardouin.) (*Revue d'orthopédie*, mars 1897.)

122. — *De l'ignipuncture intra-cellulaire dans le traitement des arthrites tuberculeuses.* (*Union médicale*, n° 51, 1894.)

123. — *Nouvel exemple de déviation du genou consécutive à une résection.* (*Revue d'orthopédie*, 1er mai 1897.)

En fait de tuberculose osseuse et articulaire, j'ai toujours défendu chez les enfants l'emploi des méthodes conservatrices, d'abord, parce que, chez eux, la tuberculose a la plus grande tendance à évoluer vers la guérison, ensuite parce que les méthodes radicales, telles que les résections pratiquées dans le jeune âge, donnent de mauvais résultats. Outre les injections iodoformées, je suis revenu à l'ignipuncture. Grâce à l'antisepsie, grâce à l'emploi de pointes très fines du thermocautère, nous pouvons éviter la suppuration, et retirer de l'emploi de ce moyen les meilleurs résultats.

En ce qui concerne la coxalgie, j'ai conseillé d'appliquer à son traitement les principes qui nous guident dans le traitement des luxations congénitales de la hanche, c'est-à-dire l'immobilisation du membre dans une position moyenne d'abduction, de façon à favoriser l'emboîtement exact de la tête dans la cavité cotyloïde, et à s'opposer à la production des luxations.

Quant à la coxalgie ancienne, les résultats de ma pratique à cet égard ont été publiés dans deux travaux de mon élève, le Dr Sainton, intitulés :

124. — *De l'ostéotomie sous-trochantérienne dans les ankyloses vicieuses de la hanche, suite de coxalgie.* (*Revue d'orthopédie*, 1895, p. 454.)

Et :

125. — *De la correction des attitudes vicieuses de la coxalgie par le redressement forcé sous le chloroforme.* (*Revue d'orthopédie*, 1er juillet 1897.)

Suivant les cas, je pratique, soit le redressement forcé, aidé au besoin de la ténotomie à ciel ouvert des muscles rétractés (couturier, tenseur du fascia lata), soit l'ostéotomie sous-trochantérienne oblique, qui m'a toujours donné les meilleurs résultats.

C'est surtout à propos de la tuberculose du genou que les résections donnent de mauvais résultats chez les enfants. J'ai publié bon nombre d'exemples de raccourcissements considérables ou de déviations angulaires observées dans ces conditions. Aussi à la résection je préfère de beaucoup, soit la ténotomie à ciel ouvert de tous les tendons du creux poplité, dans les cas où il reste des mouvements dans la jointure et où l'on peut espérer le redressement, soit l'ostéotomie supra-condylienne qui m'a donné d'excellents résultats dans les cas où l'ankylose osseuse est complète.

### 17° Ostéomyélite de développement.

126. — *Ostéomyélite chronique du tibia gauche; large évidement de la diaphyse; réparation de la cavité osseuse au moyen d'un lambeau ostéopériostique emprunté à l'os malade lui-même.* (Société de chirurgie, février 1896.)

127. — *Note sur l'ostéomyélite des phalanges.* (Société de chirurgie, mars 1898.)

Dans ce travail, j'appelle l'attention sur la possibilité de confondre l'ostéomyélite de la dernière phalange avec le simple panaris sous-épidermique, vu la similitude des symptômes.

128. — *Ostéomyélite de l'extrémité supérieure de l'humérus droit avec décollement épiphysaire; traitement par la résection et le curettage de la totalité du canal médullaire.* (Société de chirurgie, 20 juillet 1898.)

Ce qu'il y a d'intéressant dans ce cas particulier, c'est que l'os a continué à vivre en totalité. A partir du jour de l'opération, toute suppuration a été supprimée ; il n'y a pas eu élimination d'esquilles, et le malade a guéri avec conservation des mouvements de l'épaule et de l'articulation du coude. Je le vois de temps en temps ; il reste définitivement guéri.

129. — *Ostéomyélite et nécrose totale du péroné.* (Société de chirurgie, 31 octobre 1888.)

Il s'agit ici d'un cas d'ostéomyélite insidieuse ou chronique d'emblée.

130. — *De l'ostéomyélite juxta-épiphysaire de l'extrémité inférieure du fémur.* (*Bulletin médical,* 6 janvier 1889.)

J'insiste dans ce travail sur la tendance de l'ostéomyélite de l'extrémité inférieure du fémur à gagner le creux poplité, d'où le danger des ulcérations de l'artère poplitée dont un certain nombre d'exemples ont été signalés ; d'où la nécessité, si l'on draine, de ne pas comprendre l'artère dans l'anse du drain.

## 18° Appendicite, péritonite, occlusion intestinale.

131. — *Appendicite aiguë ; volumineux abcès pelvien ; laparotomie ; guérison.* (Société de chirurgie, octobre 1895.)

132. — *Traitement de l'appendicite aiguë.* (Société de chirurgie, février 1899.)

Dans ce travail, je me déclare partisan de l'intervention chirurgicale pratiquée de bonne heure dans l'appendicite aiguë. A l'appui de cette opinion, je rapporte la déplorable statistique de mon service à l'hôpital Trousseau pendant 1898, d'après laquelle douze malades, opérés tardivement pour des péritonites généralisées, ont succombé ; tandis que 13 malades opérés pour des abcès localisés d'origine appendiculaire ont fourni 12 guérisons, et une seule mort.

133. — *Péritonite à pneumocoques chez un garçon de 7 ans et demi ; opération ; guérison.* (*Bulletin de la Société de chirurgie,* mai 1895.)

134. — *Occlusion intestinale par torsion complète du mésentère chez un enfant de 7 ans et demi.* (Société de chirurgie, juin 1898.)

Ce qui, dans ce cas particulier, rendait le diagnostic extrêmement difficile, c'est que, l'occlusion portant immédiatement au-dessous du duodénum, le ventre était absolument plat, rétracté en bateau: en outre, l'enfant rendait des matières quand on administrait des lavements.

135. — *Péritonite par perforation prise pour une appendicite; laparotomie médiane; guérison.* (Société de chirurgie, mars 1898.)

### 19° Communications diverses.

136. — *Des difformités de la colonne vertébrale survenant à la suite de fractures méconnues.* (*Revue d'orthopédie,* novembre 1896.)

Dans cette note, j'appelle l'attention sur certaines déformations du rachis se produisant à la suite de fractures qui ont passé inaperçues, et qui, à cause de cela, sont mises sur le compte du mal de Pott.

137. — Kirmisson et Ardouin : *Etude d'un fœtus exomphale.* (*Revue d'orthopédie,* mai 1897.)

138. — *Exostose volumineuse de l'extrémité inférieure du cubitus gauche d'origine traumatique.* (*Revue d'orthopédie,* mars 1898.)

139. — *Nanisme: déformations multiples du squelette; ankyloses congénitales des doigts et des orteils; torticolis chez une fillette de 10 ans.* (*Revue d'Orthopédie,* juillet 1898.)

140. — *Contribution à l'étude des tumeurs kystiques congénitales* (en collaboration avec mon chef de laboratoire, le Dr Küss). (*Revue d'orthopédie,* mars 1899.)

Dans cette note, se trouve étudié un cas de tumeur multiloculaire du scrotum, développée en dehors du testicule; la glande testiculaire a pu être conservée pendant l'extirpation. Il ne s'agissait pas ici d'une tumeur dermoïde du scrotum, mais plutôt d'un lymphangiome congénital.

141. — *Pseudarthrose congénitale de la jambe gauche* (en

collaboration avec mon interne, M. Auffret). (*Revue d'orthopédie*, mars 1899.)

J'ai appelé l'attention sur la fréquence des pseudarthroses dans les fractures intra-utérines de la jambe; j'en ai déduit la nécessité de ne pas faire seulement la résection, mais encore l'enchevillement ou la suture osseuse, quand on intervient contre les difformités produites par ces fractures.

J'ai du reste inspiré sur ce même sujet le travail de mon assistant, le Dr Sainton : *Du pronostic opératoire de la malformation connue sous le nom de fracture intra-utérine du tibia.* (*Revue d'Orthopédie*, 1898, p. 399.)

142. — *Relation d'un fait d'épispadias chez une petite fille de 18 mois; opération, guérison.* (*Bulletin de l'Académie de médecine,* juillet 1895.)

Dans ce cas particulier, j'ai mis en œuvre un procédé opératoire nouveau consistant à dédoubler les parties constituant la fente anormale des petites lèvres et de l'urèthre, de façon à faire une autoplastie à double plan de lambeaux, un plan profond muqueux, un plan superficiel cutané. J'ai revu tout dernièrement l'enfant, plus de trois ans après l'opération; les parties ont absolument repris leur apparence normale. Malheureusement il persiste de l'incontinence d'urine.

143. — *Tumeur congénitale de la région temporale droite;* (Société de chirurgie, 25 juillet 1883 et 18 mars 1891.)

J'ai pu, à huit ans d'intervalle, présenter à deux reprises différentes ce malade à la Société de chirurgie. A la suite de la seconde présentation, la tumeur a été extirpée avec succès; elle était composée de graisse et renfermait un noyau osseux dans son intérieur.

144. — *Macrodactylie de la main gauche chez une petite fille d'un mois.* (Société de chirurgie, 13 mai 1891.)

145. — *Présentation d'une petite fille d'un an portant un volumineux lipome diffus du dos, mesurant 25 centimètres de hauteur sur 15 centimètres de largeur.* (Société de chirurgie, 21 juin 1893.)

Dans ce cas, j'ai adopté le principe des opérations successives, et j'ai pu ainsi débarrasser la malade de cette énorme tumeur dont l'extirpation en une seule séance aurait pu faire courir à l'enfant des dangers mortels.

146. — *Maladie kystique du testicule chez un enfant de 19 mois ; extirpation, guérison.* (*Bulletin de l'Académie de médecine,* février 1897.)

Bien que l'examen microscopique pratiqué par M. Malassez ait fait craindre la transformation cancéreuse de la tumeur, cet enfant, opéré maintenant depuis plus de deux ans, reste guéri.

147. — *Volumineux sarcome de la cavité abdominale chez un enfant de 4 ans, portant une chéloïde cicatricielle de la région sous-maxillaire : extirpation par la laparotomie, guérison.* (Société de chirurgie, 24 janvier 1894.)

Dans ce cas, bien que l'examen histologique pratiqué par notre collègue des Hôpitaux, le Dr Lesage, ait démontré qu'il s'agissait d'un sarcome embryonnaire, cependant la guérison se maintient depuis 5 ans ; j'ai revu dernièrement encore cet enfant, la chéloïde de la région sous-maxillaire a beaucoup diminué.

148. — *Contribution à l'étude des arthropathies dans la syphilis héréditaire* (en collaboration avec mon interne, M. Jacobson). (*Revue d'orthopédie,* septembre et novembre 1897.)

149. — *Des difformités acquises des orteils, envisagées au point de vue de leur étiologie.* (*Revue d'orthopédie,* mars 1899.)

150. — Pendant toute la durée de mon séjour aux Enfants-Assistés, c'est-à-dire de 1890 à la fin de 1897, j'ai publié chaque année sous la rubrique : *Compte rendu du service chirurgical et orthopédique des Enfants-Assistés,* le compte rendu de la policlinique des Enfants-Assistés. Cette policlinique, fondée par moi, a pris rapidement un grand essor, de sorte que, pendant les dernières années, nous avons pu compter plus de 1000 malades nouveaux chaque année.

On trouvera dans ces comptes rendus bon nombre de faits

intéressants ; on y trouvera surtout des éléments importants au point de vue de la statistique des difformités.

En fondant un enseignement relatif aux maladies chirurgicales de l'enfant, en créant un recueil spécial *La Revue d'orthopédie* consacré à l'étude des difformités, je me suis efforcé d'associer le plus possible mes élèves à mon travail.

Déjà j'ai cité les thèses inaugurales de mes élèves, MM. Sainton, Thébault et Charpentier ; je puis citer encore la thèse de Mme Philippof, sur la valeur des transplantations tendineuses dans le traitement de la paralysie infantile, et celle de M. Degez, sur les luxations subites consécutives aux maladies aiguës. Le point de départ de ce dernier travail est la relation d'une luxation de la hanche gauche consécutive à la scarlatine, et dont j'ai pu obtenir la réduction au bout de 4 mois.

### 20° Rapports, Revues générales, Relations de voyages chirurgicaux.

Outre les travaux précédents, j'ai fait un grand nombre de communications relatives à l'anatomie pathologique, qu'on trouvera consignées *passim*, dans les *Bulletins de la Société anatomique*, à partir de 1874.

A la Société de chirurgie, j'ai présenté un grand nombre de rapports sur des communications faites par des personnes étrangères à la Société, et relatives aux différents points de la chirurgie.

J'ai écrit ensuite quelques revues générales :

151. — *La chirurgie orthopédique, sa définition, son but, ses moyens*. (*Revue d'orthopédie,* 1891.)

152. — *Compte rendu des Travaux de la Société de chirurgie pendant l'année 1893*. (*Société de chirurgie*, 17 janvier 1894.)

153. — *Rapport sur l'état actuel de la chirurgie du rachis ;* rapport général présenté au Congrès français de chirurgie, session de Lyon, 1894.

. . . . . . . . . . . . . . . . . . . . . . .

A une époque où la chirurgie se transforme incessamment, et se diffuse dans tous les pays du monde, il devient indispensable pour le chirurgien de voyager, afin de comparer entre elles les méthodes et les installations chirurgicales. Aussi ai-je entrepris dès longtemps des voyages chirurgicaux en Angleterre, en Allemagne, en Autriche, en Suisse et en Italie, voyages dont j'ai publié la relation.

154. — *Relation d'un voyage chirurgical à Londres fait dans le courant du mois de juin* 1885. (*Revue de chirurgie*, 1885, p. 857.)

155. — *Voyage chirurgical en Suisse et sur les bords du Rhin.* (*Revue de chirurgie*, 1887, p. 940.)

156. — *Voyage chirurgical à Vienne, Pesth et Munich.* (*Bulletin médical,* 26 février, 4 et 7 mars 1888.)

21° **Présentation d'instruments.**

157. — *Présentation d'un nouvel appareil obturateur pour les malades auxquels on a pratiqué un anus iliaque.* (Société de chirurgie, 26 octobre 1887.)

158. — *Sonde vissée sur une bougie conductrice et destinée à faciliter le passage du bout postérieur au bout antérieur après l'uréthrotomie externe.* (Société de chirurgie, 30 octobre 1889.)

159. — *Rugine modifiée d'après les indications de M. Kirmisson, par M. Mathieu.* (Société de chirurgie, 1er octobre 1890.)

160. — *Compas à cadran pour mesurer, soit en degrés, soit en centimètres, l'angle formé par une articulation ankylosée dans une position vicieuse, ou l'épaisseur d'un membre.* (Société de chirurgie, 5 novembre 1889.)

161. — *Présentation d'appareils pour le redressement du pied bot.* (Société de chirurgie, 8 mars 1893.)

Cet appareil, construit sur mes indications par M. Mathieu,

possède deux articulations, en forme de noix, répondant l'une à l'articulation tibio-tarsienne, l'autre à l'articulation médio-tarsienne, de façon à pouvoir imprimer au pied tous les mouvements de flexion et d'extension, d'adduction et d'abduction, et de rotation autour de l'axe antéro-postérieur.

162. — *Présentation d'un nouvel écarteur laveur des paupières.* (Société de chirurgie, juillet 1895.)

Pendant mon séjour aux Enfants-Assistés, j'avais constamment à me préoccuper du traitement de l'ophtalmie purulente des nouveau-nés, qui constitue un des plus redoutables fléaux, à cette période de la vie. Pour favoriser le lavage des culs-de-sac conjonctivaux, j ai fait construire des écarteurs creux, évidés au centre, et présentant un grand nombre d'orifices par lesquels s'échappe le liquide. L'impulsion est communiquée au liquide par la pression d'une poire en caoutchouc.

163. — *Crochet pour retirer les pièces de monnaie retenues dans l'œsophage.* (Société de chirurgie, novembre 1898.)

A chaque fois qu'un enfant nous est présenté porteur d'une pièce de monnaie retenue dans l'œsophage, nous le soumettons à l'examen radiographique. (J'ai d'ailleurs depuis longtemps déjà annexé à mon laboratoire un service de radiographie.) Or, la radiographie nous montre que la pièce est toujours placée transversalement dans l'œsophage. Il me semblait dès lors bien inutile d'introduire chez les jeunes enfants un appareil aussi compliqué et aussi volumineux que le panier de Græfe. Un simple crochet passant derrière la pièce de monnaie la saisit par son bord inférieur et la ramène infailliblement au dehors. Mis en usage déjà un grand nombre de fois, soit par moi, soit par les internes de l'Hôpital Trousseau, cet appareil a toujours donné les meilleurs résultats.



Paris. — Typ. A. DAVY, 52, rue Madame. — Téléphone.

www.ingramcontent.com/pod-product-compliance
Ingram Content Group UK Ltd.
Pitfield, Milton Keynes, MK11 3LW, UK
UKHW020951220726
13924UKWH00002B/618